5-7세(유치부)
교회학교용

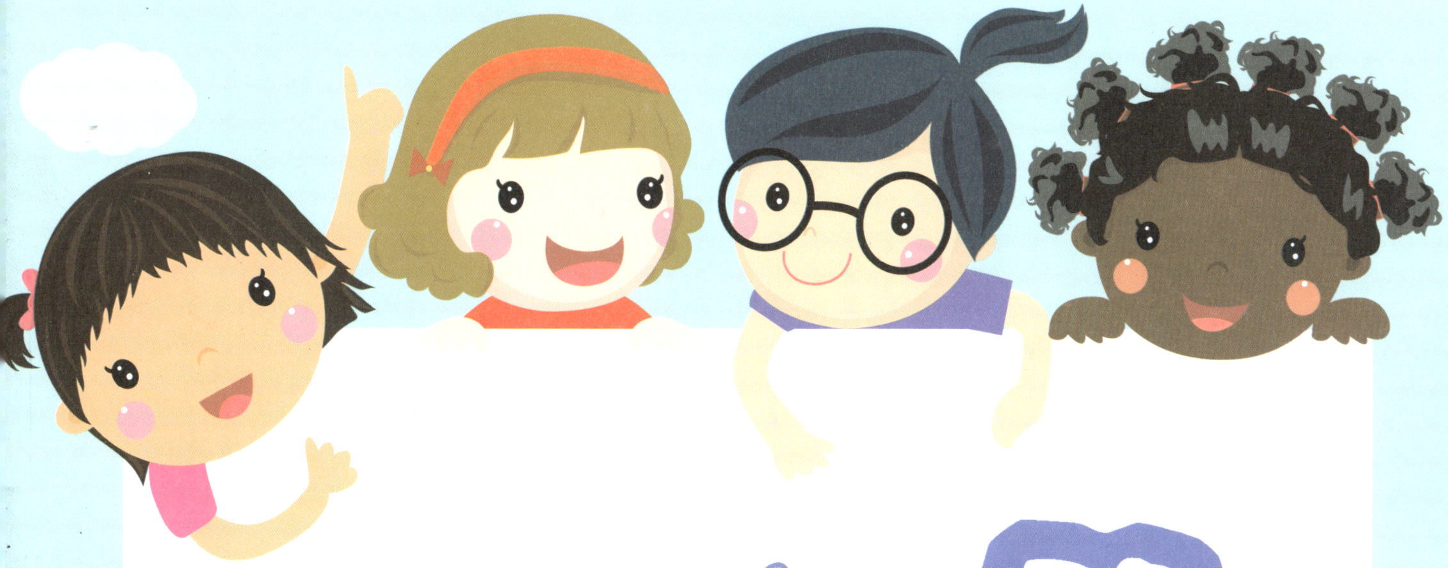

예수님의 꿈아이

예꿈

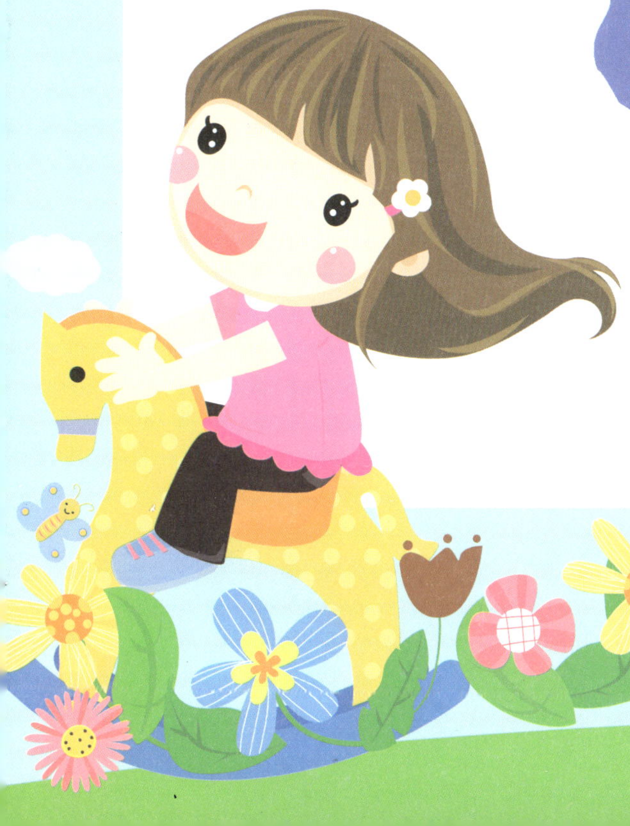

나는 하나님께 속했어요 A

I belong to God

두란노

차례 contents

1과 아브라함과 사라 ···3

2과 이삭 ···5

3과 리브가 ···7

4과 야곱(장자 상속권) ···9

5과 야곱(천국의 사다리) ···11

6과 모세(바구니에 담긴 아기) ···13

7과 모세(불타는 떨기나무) ···15

8과 이스라엘 백성(출애굽) ···17

9과 이스라엘 백성(만나) ···21

10과 이스라엘 백성(십계명1) ···22

11과 이스라엘 백성(십계명2) ···25

12과 룻(선택) ···27

13과 룻(축복) ···29

초판발행 | 2006. 3. 23
개정 9쇄 | 2023. 1. 15
등록번호 | 제3-203호
등 록 처 | 서울시 용산구 서빙고로 65길 38
발 행 처 | (사)두란노서원
영 업 부 | 2078-3333
출 판 부 | 2078-3437

ISBN 978-89-531-1974-1 (04230)

연구위원 | 김정순, 김윤미, 김현경, 박길나, 이은연, 이은정, 이향순, 표순옥, 한인숙

디자인 | 유수연   일러스트 | 박민정, 박현주, 임선경, 정효은   사진 | 정화영

※이 책은 CRC(Christian Reformed Church, 미국개혁교회)publications의 「Life」를 바탕으로 두란노 예꿈 교재 연구팀이 한국 실정에 맞게 개발한 도서입니다.

나는 하나님께 속해 있어요!

하나님의 가족 이름표 만들기

하나님께서 아브라함을 부르셔서 아브라함은 하나님의 가족이 되었어요.
하나님께서 내 이름을 불러 주셔서 나도 하나님의 가족이 되었어요.
하나님은 언제나 우리를 돌보시고 축복하신다고 약속하셨어요.

우리는 하나님께 속해 있어요!

사라가 웃었어요!

표정 바꾸기

아기를 갖고 싶었지만 아기가 없었던 사라의 마음은 어땠을까요?

1년 후에 아들을 낳게 될 것이라는 하나님의 말씀을 들었을 때 사라의 마음은 어땠을까요?

약속대로 아들, 이삭이 태어났을 때 사라의 마음은 어땠을까요?

하나님께서 약속을 지키셨어요!

이렇게 만들어요

① 칼선에 29쪽 얼굴 표정 그림을 끼웁니다.

② 접선대로 종이를 접어 사라가 아기를 안고 있는 모습이 되게 해 봅니다.

③ 아기가 없을 때와 아기를 안은 모습에 따라 표정을 바꾸어 보며 이야기를 나눕니다.

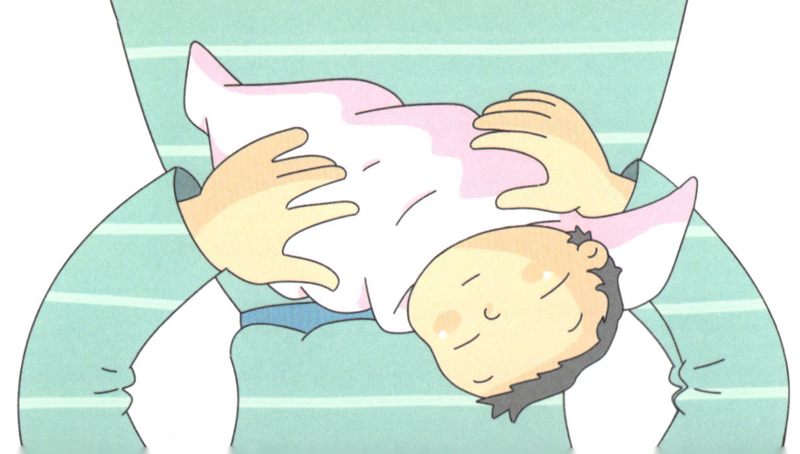

우물가의 리브가

색칠하기

리브가는 하나님께 속한 사람이었어요. 그래서 언제, 어디서, 무엇을 하든지 하나님께서 함께하셨어요. 리브가가 이삭과 결혼하기 위해 가족을 떠날 때도 하나님께서 함께하셨어요.

- 리브가는 아브라함의 하인에게 어떤 친절을 베풀었나요?

- 리브가는 왜 가족을 떠나 낯선 땅으로 갔나요?

- 가족을 떠나 낯선 땅으로 갈 때 리브가의 마음은 어땠을까요?

- 리브가를 돌보신 분은 누구인가요? 여러분을 돌보시는 분은 누구인가요?

하나님께서 우리를 돌보세요!

하나님의 사랑은 언제나!

딱지놀이

야곱은 아버지 이삭을 속이고 형 에서가 받을 축복을 대신 받았어요.
예수님은 우리가 잘못을 했어도 여전히 사랑하시는 분이에요.

하나님은 언제나 우리를 사랑하세요!

하나님은 우리를 사랑하세요!

천국의 사다리

움직이는 그림

야곱이 잠을 잘 때 하늘에서 사다리가 내려오는 꿈을 꿨어요.
하나님께서 꿈을 통해 야곱을 만나 주시고 돌보아 주셨어요.

하나님 아버지는 우리를 언제나 인도하세요!

 ## 이렇게 만들어요

칼선에 31쪽 사다리를 끼우고 움직여 보세요!

아기 모세 바구니 만들기

갈대 상자에 누인 아기 모세는 하나님의 돌보심으로 안전하게 되었어요.
하나님의 돌보심에 감사하며, 아기 모세가 누웠던 갈대 상자를 만들어 보세요.

하나님께서 아기 모세를 구하셨어요!

① 갈대 상자에 물이 스며들지 않게 바닥 면에 양초 또는 흰색
  크레파스를 칠합니다.
② 선대로 접어 붙이고 갈대 상자를 만듭니다.
③ 갈대 상자 안에 포장용 부슬이를 깔고 아기 모세를 눕힙니다.
④ 갈대 상자를 물에 띄워 봅니다.

모세가 순종했어요!

플랩 북 만들기

활활 불이 붙었는데도 타지 않는 떨기나무 앞에서 "모세야! 모세야!"라고 부르시는 하나님의 음성을 들었어요. 모세는 어떻게 했을까요?

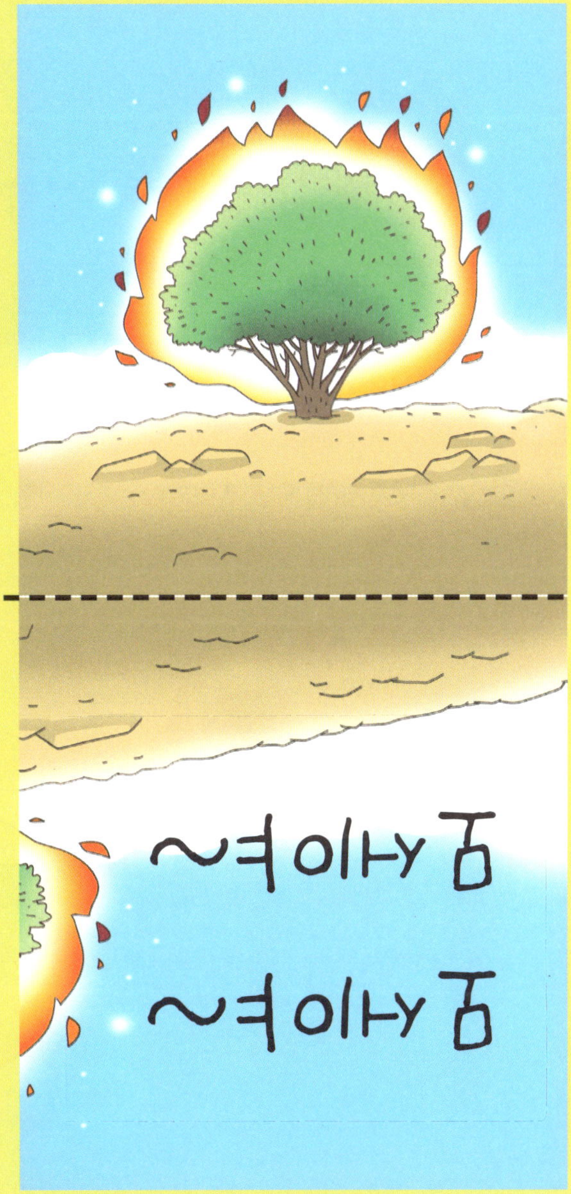

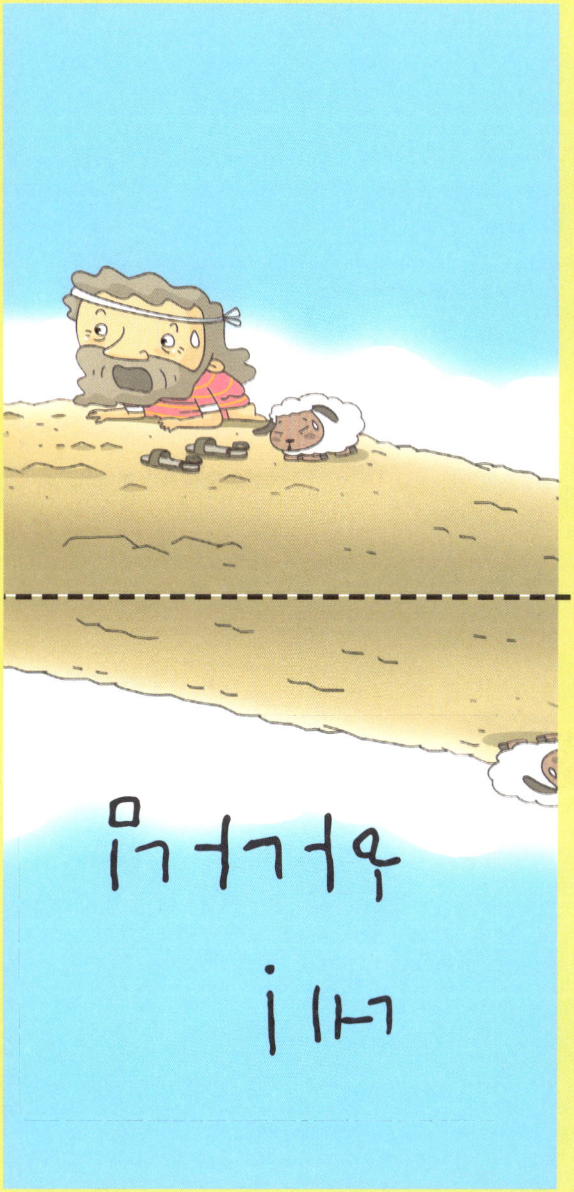

풀 · 칠 · 풀 · 칠 · 풀 · 칠

하나님이 부르시면 "예" 하고 순종해요!

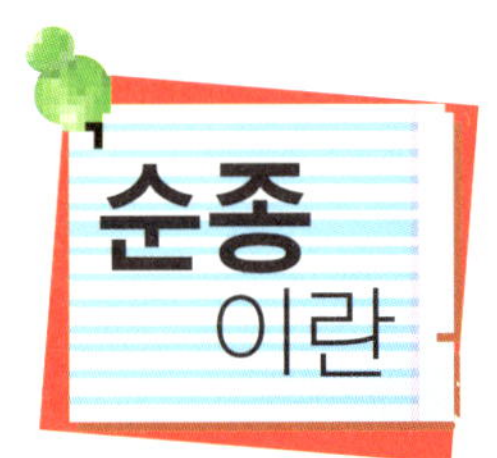

순종 이란　나를 책임지고 있는 사람의 현명한 지시에 즉각 따르는 것

가나안을 향하여

보드게임

하나님께서 이스라엘 백성을 구름기둥과 불기둥으로 인도하여 홍해를 건너게 하셨어요.
놀라운 일을 행하시는 하나님을 찬양하며 놀이해요.

🌻 이렇게 놀이해요

① 페트병 뚜껑에 스티커를 붙이거나 29쪽 그림을 접어서
   게임용 말(이스라엘 백성 그림)을 만듭니다.

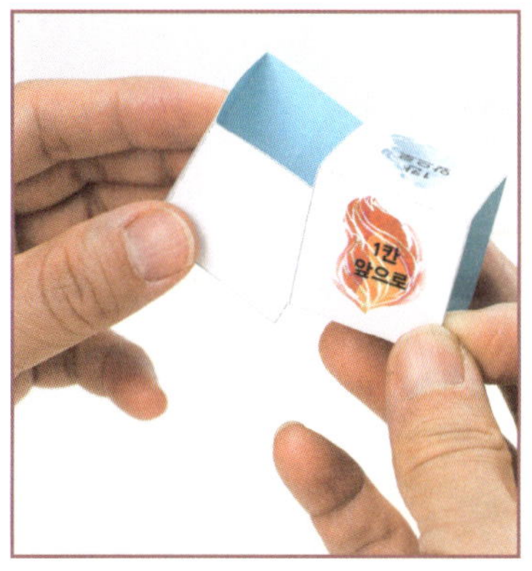

② 주사위 전개도를 접어 게임용 주사위를 준비합니다.
   또는 기존 주사위에 스티커를 붙여 만들어도 좋습니다.

③ 18쪽 게임 판을 이용해 주사위를 던져 나온 눈의 수대
   로 말을 움직여 보드게임을 합니다.

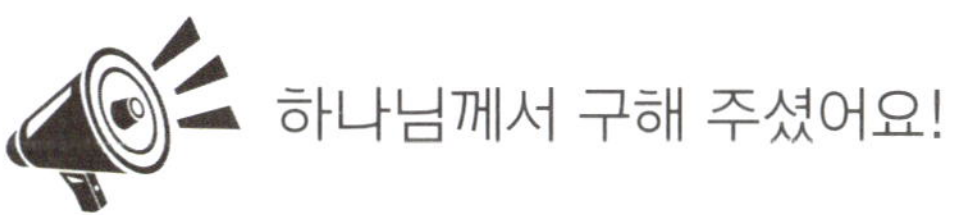
하나님께서 구해 주셨어요!

출발

음식을 주신 하나님 감사해요!

만나 바구니 만들기

이스라엘 백성을 먹이시는 하나님께서 우리에게도 맛있는 음식을 주셔요.
내가 제일 좋아하는 음식도 하나님께서 주셔요. 하나님께 감사 드려요.

음식을 주신 하나님 감사해요!

십계명 돌판

종이 끼워서 만들기

하나님께서 십계명을 주셨어요.

 이렇게 만들어요

① 21쪽 십계명 돌판을 떼어 내고
   칼집 표시 부분을 벌려 놓습니다.

② 31쪽 십계명 조각을 떼어 ①의 칼집에
   '하나님을 사랑하라'는 글이
   보이도록 끼웁니다.

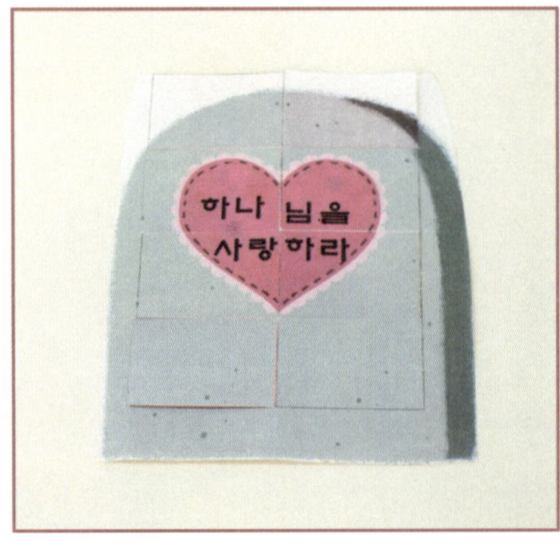

③ ②의 완성된 십계명 돌판의 가운데를 잡고
   바깥쪽으로 펼쳐 봅니다.

하나님을 사랑하고 친구를 사랑할래요!

웃을
님을
사랑
사랑

하나님만 섬겨요!

카드 뒤집기

이스라엘 백성들이 금송아지를 만들었을 때 하나님께서는 너무나 슬퍼하셨어요.
아래의 그림판을 오려 친구들과 함께 하나님만을 사랑하기로 다짐하는 게임을 해 볼까요?

하나님만 사랑할래요!

① 그림 카드의 절반은 앞
면이 보이도록, 다른
절반은 뒷면이 보이도
록 펼쳐 놓습니다.

② 두 팀으로 나누어 서로
반대쪽의 면이 나오도
록 뒤집는 카드 뒤집기
놀이를 합니다.

룻의 가방

가방만들기

룻은 사랑으로 하나님을 선택했어요. 룻의 가방에는 무엇이 들어 있을까요?
룻처럼 우리도 하나님의 사랑으로 옳은 것을 선택해요.

하나님만 선택 할래요!

룻 이야기
이야기 책 만들기

룻 이야기로 그림책을 만들어 보세요.
내가 만든 룻의 이야기책으로 가족들에게 이야기해 주세요.

1

2

3

4

5

6

7

8

하나님께서는 우리에게 복을 주세요!

13   14   15

앞표지

9   10   11   12

28

2칸 앞으로
모둠

멈춤
1칸 앞으로
뒤로 돌아
2칸 앞으로

하나
하라

네 이
하 라

1과 3쪽

8과 17쪽

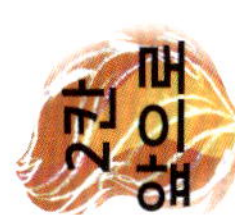

12과 25쪽